Ce carnet appart

JOUR :   DATE :   LIEU :

LA MÉTÉO :

MES ACTIVITÉS DU JOUR :

J'AI MANGÉ :

J'AI AIMÉ :

AUJOURD'HUI J'ÉTAIS :

CE QUE JE RETIENS DE MA JOURNÉE :

JOUR :   DATE :   LIEU :

LA MÉTÉO :

MES ACTIVITÉS DU JOUR :

J'AI MANGÉ :

J'AI AIMÉ :

AUJOURD'HUI J'ÉTAIS :

CE QUE JE RETIENS DE MA JOURNÉE :

JOUR :   DATE :   LIEU :

LA MÉTÉO :

MES ACTIVITÉS DU JOUR :

_____

_____

_____

_____

_____

_____

_____

J'AI MANGÉ :

_____

_____

_____

J'AI AIMÉ :

_____

_____

_____

AUJOURD'HUI J'ÉTAIS :

CE QUE JE RETIENS DE MA JOURNÉE :

_____

_____

_____

_____

_____

JOUR :   DATE :   LIEU :

LA MÉTÉO :

MES ACTIVITÉS DU JOUR:

J'AI MANGÉ :

J'AI AIMÉ :

AUJOURD'HUI J'ÉTAIS :

CE QUE JE RETIENS DE MA JOURNÉE:

JOUR :   **DATE :**   **LIEU :**

LA MÉTÉO :

MES ACTIVITÉS DU JOUR :

J'AI MANGÉ :

J'AI AIMÉ :

AUJOURD'HUI J'ÉTAIS :

CE QUE JE RETIENS DE MA JOURNÉE :

JOUR :   DATE :   LIEU :

LA MÉTÉO :

MES ACTIVITÉS DU JOUR :

J'AI MANGÉ :

J'AI AIMÉ :

AUJOURD'HUI J'ÉTAIS :

CE QUE JE RETIENS DE MA JOURNÉE :

JOUR :   DATE :   LIEU :

LA MÉTÉO :

MES ACTIVITÉS DU JOUR :

J'AI MANGÉ :

J'AI AIMÉ :

AUJOURD'HUI J'ÉTAIS :

CE QUE JE RETIENS DE MA JOURNÉE :

JOUR :   DATE :   LIEU :

LA MÉTÉO :

MES ACTIVITÉS DU JOUR:

J'AI MANGÉ :

J'AI AIMÉ :

AUJOURD'HUI J'ÉTAIS :

CE QUE JE RETIENS DE MA JOURNÉE:

JOUR :   **DATE :**   **LIEU :**

LA MÉTÉO :

MES ACTIVITÉS DU JOUR :

J'AI MANGÉ :

J'AI AIMÉ :

AUJOURD'HUI J'ÉTAIS : 😍 😄 😐 😎 😮

CE QUE JE RETIENS DE MA JOURNÉE :

JOUR :   DATE :   LIEU :

LA MÉTÉO :

MES ACTIVITÉS DU JOUR:

J'AI MANGÉ :

J'AI AIMÉ :

AUJOURD'HUI J'ÉTAIS :

CE QUE JE RETIENS DE MA JOURNÉE:

JOUR :   DATE :   LIEU :

LA MÉTÉO :

MES ACTIVITÉS DU JOUR :

J'AI MANGÉ :

J'AI AIMÉ :

AUJOURD'HUI J'ÉTAIS :

CE QUE JE RETIENS DE MA JOURNÉE :

JOUR :   DATE :   LIEU :

LA MÉTÉO :

MES ACTIVITÉS DU JOUR :

J'AI MANGÉ :

J'AI AIMÉ :

AUJOURD'HUI J'ÉTAIS : 😍 😀 😐 😎 😱

CE QUE JE RETIENS DE MA JOURNÉE :

JOUR :   DATE :   LIEU :

LA MÉTÉO :

MES ACTIVITÉS DU JOUR :

J'AI MANGÉ :

J'AI AIMÉ :

AUJOURD'HUI J'ÉTAIS :

CE QUE JE RETIENS DE MA JOURNÉE :

JOUR :   DATE :   LIEU :

LA MÉTÉO :

MES ACTIVITÉS DU JOUR :

J'AI MANGÉ :

J'AI AIMÉ :

AUJOURD'HUI J'ÉTAIS :

CE QUE JE RETIENS DE MA JOURNÉE :

JOUR :   DATE :   LIEU :

LA MÉTÉO :

MES ACTIVITÉS DU JOUR :

_____

_____

_____

_____

_____

_____

_____

J'AI MANGÉ :

_____

_____

_____

J'AI AIMÉ :

_____

_____

_____

AUJOURD'HUI J'ÉTAIS : 😍 😃 😐 😎 😮

CE QUE JE RETIENS DE MA JOURNÉE :

_____

_____

_____

_____

_____

_____

JOUR :   **DATE :**   **LIEU :**

LA MÉTÉO :

MES ACTIVITÉS DU JOUR :

J'AI MANGÉ :

J'AI AIMÉ :

AUJOURD'HUI J'ÉTAIS :

CE QUE JE RETIENS DE MA JOURNÉE :

JOUR :   DATE :   LIEU :

LA MÉTÉO :

MES ACTIVITÉS DU JOUR:

J'AI MANGÉ :

J'AI AIMÉ :

AUJOURD'HUI J'ÉTAIS :

CE QUE JE RETIENS DE MA JOURNÉE:

JOUR :   DATE :   LIEU :

LA MÉTÉO :

MES ACTIVITÉS DU JOUR:

J'AI MANGÉ :

J'AI AIMÉ :

AUJOURD'HUI J'ÉTAIS :

CE QUE JE RETIENS DE MA JOURNÉE:

JOUR :   DATE :   LIEU :

LA MÉTÉO :

MES ACTIVITÉS DU JOUR :

J'AI MANGÉ :

J'AI AIMÉ :

AUJOURD'HUI J'ÉTAIS :

CE QUE JE RETIENS DE MA JOURNÉE :

JOUR :   DATE :   LIEU :

LA MÉTÉO :

MES ACTIVITÉS DU JOUR :

J'AI MANGÉ :

J'AI AIMÉ :

AUJOURD'HUI J'ÉTAIS :

CE QUE JE RETIENS DE MA JOURNÉE :

JOUR :   DATE :   LIEU :

LA MÉTÉO :

MES ACTIVITÉS DU JOUR :

_____

_____

_____

_____

_____

_____

_____

_____

J'AI MANGÉ :

_____

_____

_____

J'AI AIMÉ :

_____

_____

_____

AUJOURD'HUI J'ÉTAIS : 😍 😃 😐 😎 😮

CE QUE JE RETIENS DE MA JOURNÉE :

_____

_____

_____

_____

_____

JOUR :   DATE :   LIEU :

LA MÉTÉO :

MES ACTIVITÉS DU JOUR :

J'AI MANGÉ :

J'AI AIMÉ :

AUJOURD'HUI J'ÉTAIS :

CE QUE JE RETIENS DE MA JOURNÉE :

JOUR :   DATE :   LIEU :

LA MÉTÉO :

MES ACTIVITÉS DU JOUR :

J'AI MANGÉ :

J'AI AIMÉ :

AUJOURD'HUI J'ÉTAIS :

CE QUE JE RETIENS DE MA JOURNÉE :

JOUR :   DATE :   LIEU :

LA MÉTÉO :

MES ACTIVITÉS DU JOUR :

J'AI MANGÉ :

J'AI AIMÉ :

AUJOURD'HUI J'ÉTAIS :

CE QUE JE RETIENS DE MA JOURNÉE :

JOUR :   DATE :   LIEU :

LA MÉTÉO :

MES ACTIVITÉS DU JOUR :

_____

_____

_____

_____

_____

_____

_____

J'AI MANGÉ :

_____

_____

_____

J'AI AIMÉ :

_____

_____

_____

AUJOURD'HUI J'ÉTAIS : 😍   😃   😐   😎   😭

CE QUE JE RETIENS DE MA JOURNÉE :

_____

_____

_____

_____

_____

JOUR :   DATE :   LIEU :

LA MÉTÉO :

MES ACTIVITÉS DU JOUR :

J'AI MANGÉ :

J'AI AIMÉ :

AUJOURD'HUI J'ÉTAIS : 😍 😊 😐 😎 😮

CE QUE JE RETIENS DE MA JOURNÉE :

JOUR :   DATE :   LIEU :

LA MÉTÉO :

MES ACTIVITÉS DU JOUR:

_____

_____

_____

_____

_____

_____

_____

J'AI MANGÉ :

_____

_____

_____

J'AI AIMÉ :

_____

_____

_____

AUJOURD'HUI J'ÉTAIS : 😍 😀 😐 😎 😰

CE QUE JE RETIENS DE MA JOURNÉE:

_____

_____

_____

_____

_____

JOUR :   DATE :   LIEU :

LA MÉTÉO :

MES ACTIVITÉS DU JOUR :

J'AI MANGÉ :

J'AI AIMÉ :

AUJOURD'HUI J'ÉTAIS :

CE QUE JE RETIENS DE MA JOURNÉE :

JOUR :   DATE :   LIEU :

LA MÉTÉO :

MES ACTIVITÉS DU JOUR:

J'AI MANGÉ :

J'AI AIMÉ :

AUJOURD'HUI J'ÉTAIS :

CE QUE JE RETIENS DE MA JOURNÉE:

JOUR :   DATE :   LIEU :

LA MÉTÉO :

MES ACTIVITÉS DU JOUR:

J'AI MANGÉ :

J'AI AIMÉ :

AUJOURD'HUI J'ÉTAIS :

CE QUE JE RETIENS DE MA JOURNÉE:

JOUR :   DATE :   LIEU :

LA MÉTÉO :

MES ACTIVITÉS DU JOUR:

J'AI MANGÉ :

J'AI AIMÉ :

AUJOURD'HUI J'ÉTAIS :

CE QUE JE RETIENS DE MA JOURNÉE:

JOUR : DATE : LIEU :

LA MÉTÉO :

MES ACTIVITÉS DU JOUR :

J'AI MANGÉ :

J'AI AIMÉ :

AUJOURD'HUI J'ÉTAIS :

CE QUE JE RETIENS DE MA JOURNÉE :

JOUR :   DATE :   LIEU :

LA MÉTÉO :

MES ACTIVITÉS DU JOUR :

_____

_____

_____

_____

_____

_____

_____

J'AI MANGÉ :

_____

_____

_____

J'AI AIMÉ :

_____

_____

_____

AUJOURD'HUI J'ÉTAIS : 😍 😄 😐 😎 😱

CE QUE JE RETIENS DE MA JOURNÉE :

_____

_____

_____

_____

_____

JOUR :   DATE :   LIEU :

LA MÉTÉO :

MES ACTIVITÉS DU JOUR :

___

___

___

___

___

___

___

J'AI MANGÉ :

___

___

___

___

J'AI AIMÉ :

___

___

___

___

AUJOURD'HUI J'ÉTAIS : 😍 😃 😐 😎 😭

CE QUE JE RETIENS DE MA JOURNÉE :

___

___

___

___

___

JOUR :　　　DATE :　　　　　LIEU :

LA MÉTÉO :

MES ACTIVITÉS DU JOUR :

J'AI MANGÉ :

J'AI AIMÉ :

AUJOURD'HUI J'ÉTAIS :

CE QUE JE RETIENS DE MA JOURNÉE :

JOUR :   DATE :   LIEU :

LA MÉTÉO :

MES ACTIVITÉS DU JOUR:

J'AI MANGÉ :

J'AI AIMÉ :

AUJOURD'HUI J'ÉTAIS :

CE QUE JE RETIENS DE MA JOURNÉE:

JOUR :   DATE :   LIEU :

LA MÉTÉO :

MES ACTIVITÉS DU JOUR :

_____

_____

_____

_____

_____

_____

_____

J'AI MANGÉ :

_____

_____

_____

J'AI AIMÉ :

_____

_____

_____

AUJOURD'HUI J'ÉTAIS : 😍 😃 😐 😎 😱

CE QUE JE RETIENS DE MA JOURNÉE :

_____

_____

_____

_____

_____

JOUR :   DATE :   LIEU :

LA MÉTÉO :

MES ACTIVITÉS DU JOUR:

J'AI MANGÉ :

J'AI AIMÉ :

AUJOURD'HUI J'ÉTAIS :

CE QUE JE RETIENS DE MA JOURNÉE:

JOUR :   DATE :   LIEU :

LA MÉTÉO :

MES ACTIVITÉS DU JOUR :

J'AI MANGÉ :

J'AI AIMÉ :

AUJOURD'HUI J'ÉTAIS :

CE QUE JE RETIENS DE MA JOURNÉE :

JOUR :   DATE :   LIEU :

LA MÉTÉO :

MES ACTIVITÉS DU JOUR :

J'AI MANGÉ :

J'AI AIMÉ :

AUJOURD'HUI J'ÉTAIS :

CE QUE JE RETIENS DE MA JOURNÉE :

JOUR :   DATE :   LIEU :

LA MÉTÉO :

MES ACTIVITÉS DU JOUR :

_____

_____

_____

_____

_____

_____

_____

_____

J'AI MANGÉ :

_____

_____

_____

J'AI AIMÉ :

_____

_____

_____

AUJOURD'HUI J'ÉTAIS : 😍 😃 😐 😎 😭

CE QUE JE RETIENS DE MA JOURNÉE :

_____

_____

_____

_____

_____

JOUR :   DATE :   LIEU :

LA MÉTÉO :

MES ACTIVITÉS DU JOUR :

J'AI MANGÉ :

J'AI AIMÉ :

AUJOURD'HUI J'ÉTAIS :

CE QUE JE RETIENS DE MA JOURNÉE :

JOUR :   DATE :   LIEU :

LA MÉTÉO :

MES ACTIVITÉS DU JOUR :

J'AI MANGÉ :

J'AI AIMÉ :

AUJOURD'HUI J'ÉTAIS :

CE QUE JE RETIENS DE MA JOURNÉE :

JOUR :   DATE :   LIEU :

LA MÉTÉO :

MES ACTIVITÉS DU JOUR:

J'AI MANGÉ :

J'AI AIMÉ :

AUJOURD'HUI J'ÉTAIS :

CE QUE JE RETIENS DE MA JOURNÉE:

JOUR :   DATE :   LIEU :

LA MÉTÉO :

MES ACTIVITÉS DU JOUR :

_____
_____
_____
_____
_____
_____
_____
_____

J'AI MANGÉ :

_____
_____
_____

J'AI AIMÉ :

_____
_____
_____
_____

AUJOURD'HUI J'ÉTAIS :

CE QUE JE RETIENS DE MA JOURNÉE :

_____
_____
_____
_____
_____

JOUR :   DATE :   LIEU :

LA MÉTÉO :

MES ACTIVITÉS DU JOUR:

J'AI MANGÉ :

J'AI AIMÉ :

AUJOURD'HUI J'ÉTAIS :

CE QUE JE RETIENS DE MA JOURNÉE:

JOUR :   DATE :   LIEU :

LA MÉTÉO :

MES ACTIVITÉS DU JOUR :

_____

_____

_____

_____

_____

_____

_____

J'AI MANGÉ :

_____

_____

_____

J'AI AIMÉ :

_____

_____

_____

AUJOURD'HUI J'ÉTAIS : 😍 😀 😐 😎 😰

CE QUE JE RETIENS DE MA JOURNÉE :

_____

_____

_____

_____

_____

JOUR :   DATE :   LIEU :

LA MÉTÉO :

MES ACTIVITÉS DU JOUR :

J'AI MANGÉ :

J'AI AIMÉ :

AUJOURD'HUI J'ÉTAIS :

CE QUE JE RETIENS DE MA JOURNÉE :

JOUR :   DATE :   LIEU :

LA MÉTÉO :

MES ACTIVITÉS DU JOUR :

J'AI MANGÉ :

J'AI AIMÉ :

AUJOURD'HUI J'ÉTAIS : 😍 😊 😐 😎 😭

CE QUE JE RETIENS DE MA JOURNÉE :

JOUR :   DATE :   LIEU :

LA MÉTÉO :

MES ACTIVITÉS DU JOUR :

J'AI MANGÉ :

J'AI AIMÉ :

AUJOURD'HUI J'ÉTAIS :

CE QUE JE RETIENS DE MA JOURNÉE :

JOUR :   DATE :   LIEU :

LA MÉTÉO :

MES ACTIVITÉS DU JOUR:

J'AI MANGÉ :

J'AI AIMÉ :

AUJOURD'HUI J'ÉTAIS :

CE QUE JE RETIENS DE MA JOURNÉE:

JOUR :   DATE :   LIEU :

LA MÉTÉO :

MES ACTIVITÉS DU JOUR:

J'AI MANGÉ :

J'AI AIMÉ :

AUJOURD'HUI J'ÉTAIS :

CE QUE JE RETIENS DE MA JOURNÉE:

JOUR :   DATE :   LIEU :

LA MÉTÉO :

MES ACTIVITÉS DU JOUR :

_____

_____

_____

_____

_____

_____

_____

_____

J'AI MANGÉ :

_____

_____

_____

J'AI AIMÉ :

_____

_____

_____

AUJOURD'HUI J'ÉTAIS : 😍 😃 😐 😎 😭

CE QUE JE RETIENS DE MA JOURNÉE :

_____

_____

_____

_____

_____

JOUR :   DATE :   LIEU :

LA MÉTÉO :

MES ACTIVITÉS DU JOUR :

J'AI MANGÉ :

J'AI AIMÉ :

AUJOURD'HUI J'ÉTAIS :

CE QUE JE RETIENS DE MA JOURNÉE :

JOUR :   DATE :   LIEU :

LA MÉTÉO :

MES ACTIVITÉS DU JOUR :

J'AI MANGÉ :

J'AI AIMÉ :

AUJOURD'HUI J'ÉTAIS :

CE QUE JE RETIENS DE MA JOURNÉE :

JOUR :   DATE :   LIEU :

LA MÉTÉO :

MES ACTIVITÉS DU JOUR :

J'AI MANGÉ :

J'AI AIMÉ :

AUJOURD'HUI J'ÉTAIS :

CE QUE JE RETIENS DE MA JOURNÉE :

JOUR :   DATE :   LIEU :

LA MÉTÉO :

MES ACTIVITÉS DU JOUR :

J'AI MANGÉ :

J'AI AIMÉ :

AUJOURD'HUI J'ÉTAIS :

CE QUE JE RETIENS DE MA JOURNÉE :

JOUR :   DATE :   LIEU :

LA MÉTÉO :

MES ACTIVITÉS DU JOUR :

J'AI MANGÉ :

J'AI AIMÉ :

AUJOURD'HUI J'ÉTAIS :

CE QUE JE RETIENS DE MA JOURNÉE :

JOUR :   DATE :   LIEU :

LA MÉTÉO :

MES ACTIVITÉS DU JOUR:

_____

_____

_____

_____

_____

_____

_____

_____

J'AI MANGÉ :

_____

_____

_____

J'AI AIMÉ :

_____

_____

_____

AUJOURD'HUI J'ÉTAIS :

CE QUE JE RETIENS DE MA JOURNÉE:

_____

_____

_____

_____

_____

JOUR :   DATE :   LIEU :

LA MÉTÉO :

MES ACTIVITÉS DU JOUR :

J'AI MANGÉ :

J'AI AIMÉ :

AUJOURD'HUI J'ÉTAIS :

CE QUE JE RETIENS DE MA JOURNÉE :

JOUR :   DATE :   LIEU :

LA MÉTÉO :

MES ACTIVITÉS DU JOUR :

J'AI MANGÉ :

J'AI AIMÉ :

AUJOURD'HUI J'ÉTAIS :

CE QUE JE RETIENS DE MA JOURNÉE :

JOUR :   DATE :   LIEU :

LA MÉTÉO :

MES ACTIVITÉS DU JOUR:

J'AI MANGÉ :

J'AI AIMÉ :

AUJOURD'HUI J'ÉTAIS :

CE QUE JE RETIENS DE MA JOURNÉE:

JOUR :   DATE :   LIEU :

LA MÉTÉO :

MES ACTIVITÉS DU JOUR:

J'AI MANGÉ :

J'AI AIMÉ :

AUJOURD'HUI J'ÉTAIS :

CE QUE JE RETIENS DE MA JOURNÉE:

JOUR : **DATE :** **LIEU :**

LA MÉTÉO :

MES ACTIVITÉS DU JOUR :

J'AI MANGÉ :

J'AI AIMÉ :

AUJOURD'HUI J'ÉTAIS :

CE QUE JE RETIENS DE MA JOURNÉE :

JOUR :   DATE :   LIEU :

LA MÉTÉO :

MES ACTIVITÉS DU JOUR:

J'AI MANGÉ :

J'AI AIMÉ :

AUJOURD'HUI J'ÉTAIS :

CE QUE JE RETIENS DE MA JOURNÉE:

JOUR :   DATE :   LIEU :

LA MÉTÉO :

MES ACTIVITÉS DU JOUR:

J'AI MANGÉ :

J'AI AIMÉ :

AUJOURD'HUI J'ÉTAIS : 😍 😃 😐 😎 😭

CE QUE JE RETIENS DE MA JOURNÉE:

JOUR :   DATE :   LIEU :

LA MÉTÉO :

MES ACTIVITÉS DU JOUR :

_____

_____

_____

_____

_____

_____

_____

_____

J'AI MANGÉ :

_____

_____

_____

J'AI AIMÉ :

_____

_____

_____

AUJOURD'HUI J'ÉTAIS :

CE QUE JE RETIENS DE MA JOURNÉE :

_____

_____

_____

_____

_____

JOUR :   DATE :   LIEU :

LA MÉTÉO :

MES ACTIVITÉS DU JOUR :

_____

_____

_____

_____

_____

_____

_____

J'AI MANGÉ :

_____

_____

_____

J'AI AIMÉ :

_____

_____

_____

_____

AUJOURD'HUI J'ÉTAIS : 😍 😃 😐 😎 😰

CE QUE JE RETIENS DE MA JOURNÉE :

_____

_____

_____

_____

_____

_____

JOUR :   DATE :   LIEU :

LA MÉTÉO :

MES ACTIVITÉS DU JOUR :

J'AI MANGÉ :

J'AI AIMÉ :

AUJOURD'HUI J'ÉTAIS :

CE QUE JE RETIENS DE MA JOURNÉE :

JOUR :   DATE :   LIEU :

LA MÉTÉO :

MES ACTIVITÉS DU JOUR :

J'AI MANGÉ :

J'AI AIMÉ :

AUJOURD'HUI J'ÉTAIS :

CE QUE JE RETIENS DE MA JOURNÉE :

JOUR :   DATE :   LIEU :

LA MÉTÉO :

MES ACTIVITÉS DU JOUR:

J'AI MANGÉ :

J'AI AIMÉ :

AUJOURD'HUI J'ÉTAIS :

CE QUE JE RETIENS DE MA JOURNÉE:

JOUR :   DATE :   LIEU :

LA MÉTÉO :

MES ACTIVITÉS DU JOUR :

J'AI MANGÉ :

J'AI AIMÉ :

AUJOURD'HUI J'ÉTAIS :

CE QUE JE RETIENS DE MA JOURNÉE :

JOUR :   DATE :   LIEU :

LA MÉTÉO :

MES ACTIVITÉS DU JOUR :

J'AI MANGÉ :

J'AI AIMÉ :

AUJOURD'HUI J'ÉTAIS :

CE QUE JE RETIENS DE MA JOURNÉE :

JOUR :   DATE :   LIEU :

LA MÉTÉO :

MES ACTIVITÉS DU JOUR :

J'AI MANGÉ :

J'AI AIMÉ :

AUJOURD'HUI J'ÉTAIS :

CE QUE JE RETIENS DE MA JOURNÉE :

JOUR :   DATE :   LIEU :

LA MÉTÉO :

MES ACTIVITÉS DU JOUR :

J'AI MANGÉ :

J'AI AIMÉ :

AUJOURD'HUI J'ÉTAIS :

CE QUE JE RETIENS DE MA JOURNÉE :

JOUR :   DATE :   LIEU :

LA MÉTÉO :

MES ACTIVITÉS DU JOUR :

_____
_____
_____
_____
_____
_____
_____
_____

J'AI MANGÉ :

_____
_____
_____

J'AI AIMÉ :

_____
_____
_____

AUJOURD'HUI J'ÉTAIS : 😍 😀 😐 😎 😰

CE QUE JE RETIENS DE MA JOURNÉE :

_____
_____
_____
_____
_____
_____

JOUR :   DATE :   LIEU :

LA MÉTÉO :

MES ACTIVITÉS DU JOUR:

J'AI MANGÉ :

J'AI AIMÉ :

AUJOURD'HUI J'ÉTAIS :

CE QUE JE RETIENS DE MA JOURNÉE:

JOUR :   DATE :   LIEU :

LA MÉTÉO :

MES ACTIVITÉS DU JOUR :

J'AI MANGÉ :

J'AI AIMÉ :

AUJOURD'HUI J'ÉTAIS : 😍 😊 😐 😎 😢

CE QUE JE RETIENS DE MA JOURNÉE :

JOUR :   DATE :   LIEU :

LA MÉTÉO :

MES ACTIVITÉS DU JOUR :

J'AI MANGÉ :

J'AI AIMÉ :

AUJOURD'HUI J'ÉTAIS :

CE QUE JE RETIENS DE MA JOURNÉE :

JOUR :   DATE :   LIEU :

LA MÉTÉO :

MES ACTIVITÉS DU JOUR:

J'AI MANGÉ :

J'AI AIMÉ :

AUJOURD'HUI J'ÉTAIS :

CE QUE JE RETIENS DE MA JOURNÉE:

JOUR :   DATE :   LIEU :

LA MÉTÉO :

MES ACTIVITÉS DU JOUR :

J'AI MANGÉ :

J'AI AIMÉ :

AUJOURD'HUI J'ÉTAIS :

CE QUE JE RETIENS DE MA JOURNÉE :

JOUR :   DATE :   LIEU :

LA MÉTÉO :

MES ACTIVITÉS DU JOUR :

J'AI MANGÉ :

J'AI AIMÉ :

AUJOURD'HUI J'ÉTAIS :

CE QUE JE RETIENS DE MA JOURNÉE :

JOUR :   DATE :   LIEU :

LA MÉTÉO :

MES ACTIVITÉS DU JOUR :

J'AI MANGÉ :

J'AI AIMÉ :

AUJOURD'HUI J'ÉTAIS :

CE QUE JE RETIENS DE MA JOURNÉE :

JOUR :   DATE :   LIEU :

LA MÉTÉO :

MES ACTIVITÉS DU JOUR :

J'AI MANGÉ :

J'AI AIMÉ :

AUJOURD'HUI J'ÉTAIS :

CE QUE JE RETIENS DE MA JOURNÉE :

JOUR :   DATE :   LIEU :

LA MÉTÉO :

MES ACTIVITÉS DU JOUR :

J'AI MANGÉ :

J'AI AIMÉ :

AUJOURD'HUI J'ÉTAIS :

CE QUE JE RETIENS DE MA JOURNÉE :

JOUR :   DATE :   LIEU :

LA MÉTÉO :

MES ACTIVITÉS DU JOUR:

J'AI MANGÉ :

J'AI AIMÉ :

AUJOURD'HUI J'ÉTAIS :

CE QUE JE RETIENS DE MA JOURNÉE:

JOUR :   DATE :   LIEU :

LA MÉTÉO :

MES ACTIVITÉS DU JOUR :

J'AI MANGÉ :

J'AI AIMÉ :

AUJOURD'HUI J'ÉTAIS :

CE QUE JE RETIENS DE MA JOURNÉE :

JOUR :   DATE :   LIEU :

LA MÉTÉO :

MES ACTIVITÉS DU JOUR :

J'AI MANGÉ :

J'AI AIMÉ :

AUJOURD'HUI J'ÉTAIS :

CE QUE JE RETIENS DE MA JOURNÉE :

JOUR :   DATE :   LIEU :

LA MÉTÉO :

MES ACTIVITÉS DU JOUR :

J'AI MANGÉ :

J'AI AIMÉ :

AUJOURD'HUI J'ÉTAIS :

CE QUE JE RETIENS DE MA JOURNÉE :

JOUR :   DATE :   LIEU :

LA MÉTÉO :

MES ACTIVITÉS DU JOUR :

_____

_____

_____

_____

_____

_____

_____

_____

J'AI MANGÉ :

_____

_____

_____

_____

J'AI AIMÉ :

_____

_____

_____

_____

AUJOURD'HUI J'ÉTAIS : 😍 😀 😐 😎 😢

CE QUE JE RETIENS DE MA JOURNÉE :

_____

_____

_____

_____

_____

_____

JOUR :   DATE :   LIEU :

LA MÉTÉO :

MES ACTIVITÉS DU JOUR :

J'AI MANGÉ :

J'AI AIMÉ :

AUJOURD'HUI J'ÉTAIS :

CE QUE JE RETIENS DE MA JOURNÉE :

JOUR :   DATE :   LIEU :

LA MÉTÉO :

MES ACTIVITÉS DU JOUR :

J'AI MANGÉ :

J'AI AIMÉ :

AUJOURD'HUI J'ÉTAIS :

CE QUE JE RETIENS DE MA JOURNÉE :

JOUR :   DATE :   LIEU :

LA MÉTÉO :

MES ACTIVITÉS DU JOUR:

___

___

___

___

___

___

___

___

J'AI MANGÉ :

___

___

___

___

J'AI AIMÉ :

___

___

___

___

AUJOURD'HUI J'ÉTAIS : 😍 😃 😐 😎 😰

CE QUE JE RETIENS DE MA JOURNÉE:

___

___

___

___

___

JOUR :   DATE :   LIEU :

LA MÉTÉO :

MES ACTIVITÉS DU JOUR :

J'AI MANGÉ :

J'AI AIMÉ :

AUJOURD'HUI J'ÉTAIS :

CE QUE JE RETIENS DE MA JOURNÉE :

JOUR :   DATE :   LIEU :

LA MÉTÉO :

MES ACTIVITÉS DU JOUR :

J'AI MANGÉ :

J'AI AIMÉ :

AUJOURD'HUI J'ÉTAIS :

CE QUE JE RETIENS DE MA JOURNÉE :

JOUR :   DATE :   LIEU :

LA MÉTÉO :

MES ACTIVITÉS DU JOUR :

J'AI MANGÉ :

J'AI AIMÉ :

AUJOURD'HUI J'ÉTAIS :

CE QUE JE RETIENS DE MA JOURNÉE :

JOUR :   DATE :   LIEU :

LA MÉTÉO :

MES ACTIVITÉS DU JOUR:

J'AI MANGÉ :

J'AI AIMÉ :

AUJOURD'HUI J'ÉTAIS :

CE QUE JE RETIENS DE MA JOURNÉE:

JOUR :   DATE :   LIEU :

LA MÉTÉO :

MES ACTIVITÉS DU JOUR :

J'AI MANGÉ :

J'AI AIMÉ :

AUJOURD'HUI J'ÉTAIS :

CE QUE JE RETIENS DE MA JOURNÉE :

JOUR :   DATE :   LIEU :

LA MÉTÉO :

MES ACTIVITÉS DU JOUR :

J'AI MANGÉ :

J'AI AIMÉ :

AUJOURD'HUI J'ÉTAIS :

CE QUE JE RETIENS DE MA JOURNÉE :

JOUR :   DATE :   LIEU :

LA MÉTÉO :

MES ACTIVITÉS DU JOUR :

J'AI MANGÉ :

J'AI AIMÉ :

AUJOURD'HUI J'ÉTAIS :

CE QUE JE RETIENS DE MA JOURNÉE :

JOUR :   DATE :   LIEU :

LA MÉTÉO :

MES ACTIVITÉS DU JOUR :

J'AI MANGÉ :

J'AI AIMÉ :

AUJOURD'HUI J'ÉTAIS :

CE QUE JE RETIENS DE MA JOURNÉE :

JOUR :   DATE :   LIEU :

LA MÉTÉO :

MES ACTIVITÉS DU JOUR :

J'AI MANGÉ :

J'AI AIMÉ :

AUJOURD'HUI J'ÉTAIS :

CE QUE JE RETIENS DE MA JOURNÉE :

JOUR :   DATE :   LIEU :

LA MÉTÉO :

MES ACTIVITÉS DU JOUR :

J'AI MANGÉ :

J'AI AIMÉ :

AUJOURD'HUI J'ÉTAIS :

CE QUE JE RETIENS DE MA JOURNÉE :

JOUR :   DATE :   LIEU :

LA MÉTÉO :

MES ACTIVITÉS DU JOUR :

J'AI MANGÉ :

J'AI AIMÉ :

AUJOURD'HUI J'ÉTAIS : 😍 😊 😐 😎 😭

CE QUE JE RETIENS DE MA JOURNÉE :

JOUR :   DATE :   LIEU :

LA MÉTÉO :

MES ACTIVITÉS DU JOUR :

J'AI MANGÉ :

J'AI AIMÉ :

AUJOURD'HUI J'ÉTAIS :

CE QUE JE RETIENS DE MA JOURNÉE :

JOUR :   DATE :   LIEU :

LA MÉTÉO :

MES ACTIVITÉS DU JOUR :

J'AI MANGÉ :

J'AI AIMÉ :

AUJOURD'HUI J'ÉTAIS :

CE QUE JE RETIENS DE MA JOURNÉE :

JOUR :   DATE :   LIEU :

LA MÉTÉO :

MES ACTIVITÉS DU JOUR :

J'AI MANGÉ :

J'AI AIMÉ :

AUJOURD'HUI J'ÉTAIS :

CE QUE JE RETIENS DE MA JOURNÉE :

Printed in France by Amazon
Brétigny-sur-Orge, FR

12727671R00064